Tadpole Books are published by Jump!, 5357 Penn Avenue South, Minneapolis, MN 55419, www.jumplibrary.com

Editor: Jenna Gleisner   Designer: Molly Ballanger   Translator: Annette Granat

Photo Credits: phive/Shutterstock, cover; siam.pukkato/Shutterstock, 1; PhotosIndia.com LLC/Alamy, 3; SoumenNath/iStock, 2tr, 4–5; StockImageFactory.com/Shutterstock, 2tl, 2bl, 6–7, 14–15; thesomegirl/iStock, 2ml, 8–9; showcake/Shutterstock, 2mr, 10–11; Mila SupinskayaGlashchenko/Shutterstock, 2br, 12–13; szefei/Shutterstock, 16.

Library of Congress Cataloging-in-Publication Data

Names: Zimmerman, Adeline J., author.
Title: El diwali / por Adeline J. Zimmerman.
Other titles: Diwali. Spanish
Description: Minneapolis, MN: Jump!, Inc., (2022) | Series: ¡Festividades! | Translation of: Diwali. | Audience: Ages 3–6
Identifiers: LCCN 2021008023 (print)
LCCN 2021008024 (ebook)
ISBN 9781636901350 (hardcover)
ISBN 9781636901367 (paperback)
ISBN 9781636901374 (ebook)
Subjects: LCSH: Divali—Juvenile literature.
Classification: LCC BL1239.82.D58 Z5618 2022 (print) | LCC BL1239.82.D58 (ebook) | DDC 394.265/45—dc23

¡FESTIVIDADES!

EL DIWALI

por Adeline J. Zimmerman

TABLA DE CONTENIDO

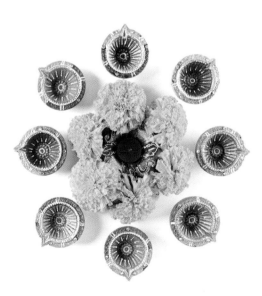

PALABRAS A SABER

decoramos

diyas

festín

fuegos artificiales

polvo

regalos

EL DIWALI

¡Llegó el Diwali!

diya

Nosotros prendemos las diyas.

5

Decoramos.

polvo

Usamos polvo.

Tenemos un festín.

Vemos fuegos artificiales.

regalo

Damos regalos.

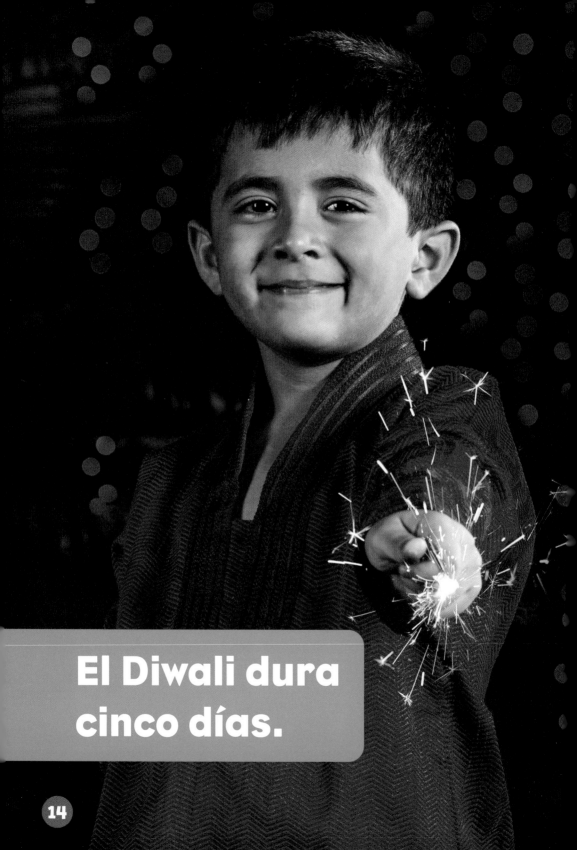

El Diwali dura
cinco días.

¡Qué divertido!

¡REPASEMOS!

Las festividades son celebraciones especiales. El Diwali celebra la luz. ¿Cómo celebra esta familia?

ÍNDICE